JEAN DUSSAUD

9 Mars 1862 — 20 Juillet 1886

COULOMMIERS
IMPRIMERIE P. BRODARD ET GALLOIS

1886

JEAN DUSSAUD

9 Mars 1862 — 20 Juillet 1886

COULOMMIERS
IMPRIMERIE P. BRODARD ET GALLOIS
—
1886

DISCOURS

Prononcé le 22 Juillet 1886, au temple de Sainte-Marie

Par M. le pasteur DECOPPET.

Messieurs et chers frères,

Quand la mort frappe un vieillard infirme, déjà courbé vers la terre par le poids des années, elle est triste sans doute, mais elle nous apparaît, du moins, dans le cours ordinaire et régulier des choses : on devait s'y attendre, on s'y était préparé, la carrière était terminée, la tâche était accomplie, l'heure du repos et de la récompense avait sonné. Quand la mort arrache un petit enfant des bras de sa mère, elle est bien douloureuse aussi ; toutefois les liens brisés de l'affection n'avaient encore ni cette force, ni cette intimité que le temps seul peut leur donner.

Mais quand la mort vient moissonner dans sa fleur, comme elle vient de le faire dans la personne de Jean Dussaud, un jeune homme dans tout l'éclat, dans toute la force et dans toute la grâce de ses vingt-quatre ans ; quand elle vient détruire d'un coup si prompt et si inattendu les joies et les espérances les plus chères, elle nous apparaît, n'est-il pas vrai? dans ce qu'elle a de plus affreux, de plus incompréhensible, de plus déchirant, et un douloureux gémissement s'échappe de tous nos cœurs.

Vous l'avez connu, Messieurs, ce jeune étudiant d'un commerce si plein de charme, d'un caractère si affectueux et si aimable; vous savez quel magnifique avenir il promettait par la maturité précoce de son esprit, par la conscience qu'il apportait à ses travaux, par tout cet ensemble de qualités solides qui l'avaient déjà fait remarquer de ses maîtres et de ses camarades, et qui lui avaient déjà gagné leur estime et leur affection.

Et maintenant, voici tout ce qui nous reste de lui!... Il est mort, comme un vaillant soldat au champ d'honneur, des suites d'une diphtérie qu'il avait contractée dans un hôpital en soignant des enfants atteints de cette affreuse maladie. Il a conservé jusqu'à la fin une intelligence parfaitement lucide et une fermeté d'âme bien rare à son âge. Il a lutté avec énergie contre le mal qui l'emportait; mais ni son courage, ni les efforts de la science secondés par la tendresse paternelle la plus touchante et par les soins les plus dévoués, ni les prières les plus ferventes n'ont réussi à le sauver. Dieu en avait décidé autrement.

Pauvre jeune homme! Pauvre fleur flétrie avant le soir! Il n'a fait que passer sur la terre, mais on peut dire qu'il a beaucoup donné, oui, beaucoup de joie et d'affection, jamais de peine, à tous ceux qui l'ont connu. De sa vie brisée s'exhale un doux parfum, un souvenir béni : elle laisse derrière elle comme un sillon de lumière qui ne s'éteindra jamais dans le cœur de ses parents et de ses amis.

Elle vous laisse aussi un grand enseignement, à vous ses amis, ses camarades. Jean Dussaud s'est rapproché de Dieu pendant sa maladie. C'est entre ses mains qu'il voulait, disait-il, s'abandonner; c'est de lui qu'il parlait avec son père, avec ce père qui l'a porté jusqu'à la fin dans ses bras et sur son cœur pour l'aider à franchir la sombre vallée de la mort; c'est à Dieu qu'il sentait le besoin de se donner, de se convertir; et je n'oublierai jamais l'étreinte significative de sa main quand, la veille de sa mort, je vins prier à haute voix auprès de son lit. Les germes de piété déposés de bonne heure dans son cœur par la pieuse mère que, tout jeune encore, il eut le malheur de perdre, semblaient lever et se développer d'heure en heure à mesure qu'il approchait de sa fin.

Ah! c'est que la mort est une grande révélatrice! C'est qu'elle nous met brusquement en face de la réalité; c'est qu'elle nous montre avec une irrésistible évidence comment on aurait dû vivre; c'est qu'on comprend alors, comme le répétait notre jeune ami, qu'il faut aimer Dieu de tout son cœur, de toute son âme et de toute sa pensée : que c'est là le tout de l'homme, et que tout le reste n'est rien!

Ah! Messieurs, vous recueillerez pieusement cet héritage sacré que vous laisse votre ami; vous en sentirez le prix, vous entendrez cet appel, et dès maintenant vous voudrez vivre chrétiennement comme il aurait certainement vécu si Dieu nous l'avait conservé.

Quelques mots pour vous maintenant, chers amis affligés. Je peux le dire, en ce moment, sans crainte d'être démenti par personne : le coup qui vient de vous frapper, nous l'avons tous ressenti, votre deuil est notre deuil, et nous mêlons nos larmes à vos larmes.

Hélas! en face de ce cercueil couvert de fleurs et de couronnes, des pourquoi bien douloureux s'élèvent de nos cœurs. Pourquoi la mort quand la vie promettait d'être si belle et si bien remplie? Pourquoi la mort quand la carrière était à peine commencée? Pourquoi la mort quand elle vient briser un cœur déjà tant meurtri?... Ah! Messieurs, silence à nos murmures! Silence à nos pourquoi! Dieu règne, et il est notre père. Qu'avons-nous besoin d'en savoir davantage? Quand il vient nous redemander les êtres chéris qui faisaient le charme et la joie de notre vie, nous ne comprenons pas, nous ne voyons pas, nous marchons dans la nuit et le mystère; mais par la foi nous savons qu'il fait tout par amour pour nous, nous savons qu'il conduit toutes choses avec une sagesse suprême; et après avoir dit comme Jésus en Gethsemané : « Père, s'il est possible, que cette coupe passe loin de moi sans que je la boive! » nous pouvons ajouter comme lui : « Que ta volonté se fasse, et non la nôtre! » Et qui sait, si Dieu eût conservé ce cher enfant, qui sait quelles épreuves, quelles souffrances, quelles tentations il aurait rencontrées dans notre pauvre monde? Le Père des esprits l'a recueilli dans son sein. Ah! ne le plaignons pas! Il repose en paix, et la couronne de gloire et d'immortalité qui brillera sur son front est plus belle mille fois que toutes celles que la terre aurait pu lui offrir. Celle-là du moins ne se fanera jamais!

Parents et amis dans le deuil, cherchez dans le sentiment de l'amour de Dieu les forces et les consolations dont vous avez besoin pour traverser cette dure épreuve. Elles ne vous manqueront pas. Dites-vous que toutes choses concourent au bien de ceux qui aiment Dieu; dites-vous que celui qui a fait la plaie est aussi celui qui peut et qui veut la bander. Dites-vous qu'il n'est pas ici le fils, le frère, l'ami que vous pleurez. Non, cette intelligence déjà si ferme, cette âme si aimante et si droite, ce cœur si bon, tous ces trésors d'affection, toutes ces belles facultés, tout cela n'est pas enfermé dans ce cercueil. La poudre va retourner à la poudre, mais l'esprit est déjà remonté à Dieu qui l'a donné pour se continuer et s'épanouir dans la lumière du jour qui ne s'éteindra plus.

Et maintenant vous allez rendre à la terre ce qui appartient à la terre; vous allez confier un nouveau trésor à votre tombe de famille; vous allez mettre l'enfant à côté de la mère. Que sa triste et chère dépouille reçoive en ce moment les adieux de ceux qui ne peuvent l'accompagner à sa dernière demeure.

Adieu, Jean Dussaud! adieu au nom de cette tante qui a été pour toi une seconde mère et qui t'a soigné avec un si admirable dévouement! adieu au nom de tes sœurs dont tu étais la joie et la gloire! adieu au nom de tes camarades qui conserveront toujours de toi un doux et fidèle souvenir! adieu au nom de tes maîtres dont tu étais la récompense et l'espoir! adieu, ô notre jeune frère et ami, ou plutôt au revoir dans les sereines demeures où tu nous as devancés et où nous te retrouverons un jour!

DISCOURS

Prononcés le 22 Juillet 1886 à la Gare de Lyon.

Discours de M. PEYRON, directeur de l'Assistance publique.

Messieurs,

Il y a quelques semaines, on amenait à l'hôpital des Enfants une pauvre petite fille que le croup étreignait. Elle y était opérée par un jeune interne entré depuis peu de jours à l'hôpital, et qui pratiquait sur elle sa première trachéotomie. La fortune a souri à ce début, la petite fille est aujourd'hui guérie : mais l'interne, votre camarade, Dussaud, terrassé par ce même horrible mal, est là, dans ce cercueil, ajoutant un nom de plus à la liste déjà si longue des élèves de l'hôpital des Enfants-Malades qui sont tombés jeunes et nobles victimes du plus noble des dévouements.

Ne plaignons pas Dussaud, plaignons ceux qu'il laisse derrière lui ; plaignons son père, frappé au meilleur de son cœur et pour qui cette séparation est d'autant plus déchirante que, dans cette lutte de la jeunesse contre la mort, il a pu longtemps croire que la mort ne serait pas victorieuse, et qu'il s'est davantage rattaché à de décevantes espérances.

Pour vous, Messieurs, vous, les amis, les camarades de Dussaud, gardez pieusement et fièrement sa mémoire. Sa gloire n'est pas sa seule gloire ; elle est la vôtre aussi ; elle fait partie de votre commun patrimoine, patrimoine sacré, patrimoine de courage et de dévouement que vous avez reçu intact de vos anciens, et que vous transmettrez aux plus jeunes, sans que jamais une défaillance le vienne amoindrir.

Discours de M. DESCROIZILLES, médecin de l'hôpital des Enfants.

Messieurs,

Je ne connaissais que depuis peu de temps celui que nous conduisons aujourd'hui à sa dernière demeure avec une profonde affliction. Mais les quelques jours que nous avons passés l'un auprès de l'autre m'ont suffi pour comprendre tout ce qu'il valait et combien il savait se faire aimer de ses maîtres et de ses condisciples. Il entrait à l'hôpital des Enfants plein de joie, nous a-t-on dit, heureux d'avoir l'occasion de compléter son instruction dans une partie de la pathologie et de la clinique médicales qu'il n'avait pas encore approfondie. Hélas! le séjour qu'il était appelé à faire au milieu de nous devait lui coûter la vie!

Trois semaines après son entrée dans mon service, il fut atteint d'une de ces angines profondément toxiques qui tuent le plus souvent, ou dont on ne guérit qu'après avoir passé par de terribles alternatives d'espérance et de découragement. Malgré la gravité de son mal, nous pûmes croire, tout d'abord, qu'il en triompherait, grâce à sa jeunesse, à son énergique résignation, à la sollicitude constante d'un père aussi tendre qu'éclairé et vigilant, aux bons soins dont il fut entouré, jour et nuit, par ses parents, ses amis, ses camarades de la rue de Sèvres et de Beaujon.

Tout fut impuissant. Après une lutte acharnée qui a duré près d'un mois, à la suite d'une série de complications de plus en plus redoutables, nous avons eu l'immense chagrin de voir s'éteindre l'infortuné jeune homme qui semblait appelé à d'heureuses destinées, car ses débuts étaient encourageants, et il possédait, à un haut degré, ces dons de l'intelligence et du cœur qui entrent, pour beaucoup, dans le succès d'une carrière.

Nous venons offrir, au cher et distingué confrère dont le fils vient de tomber au champ d'honneur, l'assurance de notre vive et très affectueuse sympathie. Nous prenons notre large part de cette douleur qu'aucune consolation ne saurait atténuer, et nous pleurons avec lui ce vaillant disciple qu'une mort cruelle et prématurée nous a ravi, mais dont nous conserverons toujours le vivant souvenir.

Discours de M. BROUSSOLES, interne des hôpitaux.

Mon cher ami,

Je viens au nom de tes collègues, les internes des hôpitaux, t'adresser un dernier adieu. En rappelant ce que tu as été parmi nous à l'hôpital des Enfants, je dirai quelle eût été l'expression des sentiments de tous si tu avais pu vivre quatre années au milieu de l'internat.

Nous t'aurions connu plus longtemps que tu ne nous aurais pas laissé en nous quittant un meilleur souvenir ni de plus cruels regrets. A peine au milieu de nous, tu as su bientôt acquérir toute notre amitié et toutes nos sympathies ; nous avons de suite apprécié la droiture de ton caractère et les qualités de ton cœur.

Pendant un mois de souffrance, tes collègues de l'hôpital Beaujon ont pu, avec nous, se pénétrer de ta bienveillance extrême et de ta reconnaissance, qui rendaient agréables les heures passées auprès de toi.

Bon et affectueux pour tous, sérieux et travailleur, il ne te manquait rien pour t'attirer toutes les sympathies et te mériter tous les succès.

Mais nous n'avons pu t'arracher à la maladie que tu avais gagnée dans ton service et tu as succombé avant d'avoir reçu la récompense de ton travail. Tu laisses du moins dans l'internat un souvenir ineffaçable, car c'est dans ses rangs que tu as été frappé en faisant ton devoir.

Notre douleur n'est rien auprès de celle que tu laisses à ton père, mais nos regrets lui témoignent combien nous t'aimons, nous aussi, et quel vide tu laisses parmi tous ceux qui t'ont connu.

Adieu, mon cher Dussaud, adieu!

DISCOURS

Prononcés le 24 Juillet 1886 au Cimetière de Nîmes.

Discours de M. le pasteur BABUT.

Que ceux qui souffrent par la volonté de Dieu lui recommandent leurs âmes comme au fidèle Créateur en faisant ce qui est bon.
I *Pierre*, IV, 19.

Dans le Livre de Job, un des amis du patriarche accablé de maux lui pose cette question : « Les consolations du Dieu Fort sont-elles trop petites pour toi ? » Hélas! celles des amis de Job étaient réellement insuffisantes et même cruelles pour lui, et dans un deuil comme celui qui nous rassemble, nous sommes tentés de dire : Oui, toute consolation est trop petite, elle est déplacée, elle est presque irritante..... Il avait vingt-quatre ans! Il était le fils unique de son père, qui, depuis bien des années déjà privé de sa compagne, s'était dévoué et consacré tout entier à ses enfants! Il était la joie de sa grand'mère, le frère chéri, presque idolâtré de ses deux sœurs, l'espoir et l'avenir d'une famille que nous estimons et que nous aimons! Il était lui-même aimé et estimé de ses maîtres comme de ses camarades; il avait tant d'intelligence et de cœur! Après de belles études faites au lycée de notre ville, il s'était donné avec tant de zèle, de succès, de persévérance à la préparation de la belle carrière qu'il avait choisie, et où il semblait appelé à devenir le collaborateur de son père! Tous les clients de notre cher docteur sont ses amis; son fils eût bien vite conquis sa place dans leur confiance et dans leur affection, et à coup sûr il l'aurait méritée. A la place de tant d'espérances, cette désolation, cet écroulement, ce foyer dévasté, cette jeunesse brisée dans sa fleur! La tendresse la plus dévouée et la plus haute science réunies disputant en vain à la mort cette vie si précieuse, et la vive espérance qu'il nous avait été permis de concevoir aboutissant à un deuil qui paraît d'autant plus amer! Comment voulez-vous qu'on se console d'un coup pareil? Il vaut mieux se taire et pleurer.

Oui, taisons-nous : « Je me suis tu et je n'ai point ouvert la bouche, parce que c'est toi qui l'as fait. » Oui, pleurons et confessons qu'en face d'un pareil deuil les consolations du monde : « Que voulez-vous ? Vous n'êtes pas le seul malheureux! Il faut se résigner à ce qu'on ne peut empêcher. — Le temps adoucira votre douleur... » de telles consolations sont dérisoires. Celles même de l'amitié et de la sympathie la plus tendre — assurément elles ne font pas défaut à notre ami — sont bien impuissantes. Les consolations du Dieu Fort ne sont pas trop petites. Ces consolations, les seules que puisse accepter un cœur brisé, me paraissent admirablement résumées dans les paroles de l'apôtre Pierre que j'ai citées tout à l'heure.

I. La première est la soumission à la volonté de Dieu. « Ceux qui souffrent *par la volonté de Dieu,* » dit l'apôtre. Je ne veux pas dire seulement que rien n'arrive, « qu'un cheveu même ne tombe pas en terre », dit Jésus, sans la volonté de notre Père qui est dans les cieux. Je veux dire que quand on est visité par la douleur, c'est une consolation de l'avoir rencontrée sur le chemin de la volonté de Dieu, c'est-à-dire du devoir. L'apôtre a particulièrement en vue dans son épitre les chrétiens persécutés à cause de leur foi. Notre bien-aimé jeune frère n'a pas eu occasion de souffrir, comme l'ont fait nos pères, à cause de sa foi ; mais on peut dire qu'il est mort victime de son dévouement professionnel. Interne dans un hôpital de Paris, il a pratiqué sur des enfants pauvres une opération délicate et difficile entre toutes, la trachéotomie ; les enfants ont survécu ; le jeune médecin, après avoir lutté pendant près d'un mois contre le terrible mal, a succombé. — Nous n'exagérons rien ; nous ne revendiquons pas pour notre jeune ami la palme du martyre, que sa modestie repousserait. Nous disons seulement qu'il est tombé au champ d'honneur, en accomplissant un devoir d'humanité, et qu'il a droit d'être rangé, ainsi que sa famille, parmi ceux qui souffrent par la volonté ou à cause de la volonté de Dieu. Que ta volonté soit faite, ô Père, et non pas la nôtre !

II. La deuxième consolation est l'abandon à Dieu. « Que ceux qui souffrent par la volonté de Dieu *lui recommandent leurs âmes.* » L'abandon à Dieu ! C'est avec émotion que j'emploie cette expression, parce que c'est celle même — mon frère affligé me pardonnera si j'use de cette confidence — dont s'est servi Jean Dussaud le matin de sa mort. Il disait à son père : « Cette nuit j'ai bien cru que tout était fini. — Eh bien ! que faisais-tu, que pensais-tu à ce moment-là ? — Oh ! je m'abandonnais à Dieu. » S'abandonner à Dieu, n'est-ce pas la définition la plus exacte de la foi ? N'est-ce pas ce que fit le compagnon de supplice de Jésus lorsqu'il lui dit : « Seigneur, souviens-toi de moi quand tu viendras dans ton règne ! » S'abandonner, tel qu'on est, pécheur condamné par sa propre conscience, au Dieu qui aime les hommes et qui les a réconciliés avec lui par Jésus-Christ et en Sa Croix. S'abandonner à Dieu en face de l'éternité et de ses mystères, et lui dire : « Père, je remets mon esprit entre tes mains », c'est la foi qui permet de mourir en paix. S'abandonner à Dieu quand on a perdu ce qu'on avait de plus cher, en face d'un avenir dépouillé et désolé, et lui dire : « Quoi qu'il en soit, ô Père, je ne doute pas de ton amour et je sais que tu ne m'abandonneras pas », c'est la foi qui permet de souffrir saintement, de souffrir en chrétien. S'abandonner ainsi à un Etre souverainement sage et bon, c'est l'acte raisonnable par excellence, si Dieu existe. — Mais s'il n'existait pas, comment l'homme existerait-il ? Si ce n'est pas un amour éternel qui nous a faits, comment se fait-il qu'à cette heure nous aimions et nous pleurions ?

III. La troisième consolation mentionnée dans les paroles de l'apôtre est l'espérance. Elle est impliquée dans ces mots : « Qu'ils lui recommandent leurs âmes *comme au* FIDÈLE *Créateur*. » Au fidèle Créateur ! Oh ! j'aime cette expression ! Dieu est le fidèle Créateur ! Il n'abandonnera pas l'œuvre de ses mains, surtout la créature qu'il a faite à son image. Il est fidèle envers ceux qu'il prend à lui : il aura entendu la prière de notre jeune ami, qui lui a recommandé son âme, qui lui a demandé pardon de ses péchés, et qui n'avait pas attendu ce dernier moment pour croire à son Évangile. Cette intelligence distinguée, ce cœur aimant, cette énergie morale, tous ces beaux dons qu'il avait faits à Jean Dussaud ne sont pas perdus ; tout mûrit sous d'autres cieux, dans des conditions que nous ne pouvons pas définir, mais dont nous savons que l'amour et la sagesse de Dieu les ont préparées et qu'il se manifeste là-haut plus complètement qu'ici-bas. — Dieu est fidèle aussi envers ceux qu'il laisse ; il n'ajoutera pas affliction aux affligés ; il leur fera trouver de la douceur, de la consolation dans leur tendresse mutuelle et dans leur foi commune ; il sanctifiera pour eux l'épreuve et leur donnera de s'attacher avec une nouvelle ardeur aux choses invisibles qui sont éternelles, et de goûter le fruit précieux qu'il a caché sous l'écorce amère et rude de l'épreuve. Les grandes douleurs sont les grandes leçons. C'est quand la détresse est la plus extrême que Dieu est le plus près : tous les chrétiens ont éprouvé cela.

IV. Dernière consolation, l'activité chrétienne. « Qu'ils « lui recommandent leurs âmes..... *en faisant ce qui est bon.* » Faire ce qui est bon : voilà ce qui nous reste quand ce qu'on appelle le bonheur nous est ôté, ou en grande partie ôté. Faire ce qui est bon, c'est la seule chose qui dépende de nous qui, avec l'aide et par la grâce de Dieu, soit toujours possible; et c'est aussi celle qui importe le plus. — Au lieu de se laisser aller au découragement et de s'asseoir désolé au bord du fleuve de la vie, regardant l'eau couler jusqu'à ce qu'elle s'épuise ; se consacrer tout de nouveau à Dieu et aux hommes, s'appliquer et se donner avec plus de fidélité que jamais aux devoirs et aux affections qui restent ; aimer d'autant plus qu'on a plus souffert et sortir de sa propre douleur pour partager celle d'autrui, tellement qu'en creusant l'âme jusque dans sa profondeur la douleur en a fait jaillir plus librement et plus abondamment la source de l'amour : voilà ce que c'est que souffrir en chrétien, voilà ce que Dieu peut et veut faire en nous. — Il le fera pour vous, bien cher ami affligé, le passé et votre foi nous le garantissent. Vos amis, ils vous le promettent, feront tout ce que peut la sympathie la plus affectueuse et la plus sincère pour vous rendre la tâche moins pénible ; à la joie austère du devoir accompli, aux saintes douceurs de la communion avec Dieu s'ajouteront celles que vous trouverez dans l'affection redoublée des chères enfants qui vous restent. Et puis au delà il y a l'éternité, il y a la résurrection, il y a l'explication de tous les mystères, il y a la réunion définitive dans la maison du Père, où Jésus prépare une place à tous ceux qui croient en lui et où une si grande partie de votre cœur habite déjà.

Discours de M. MARUÉJOLS, maire de Nîmes.

(Extrait du Journal *le Midi.*)

Un très grand concours de concitoyens donnait ce matin un éclatant témoignage de douloureuse sympathie à l'honorable docteur Dussaud, père du jeune et brillant étudiant si prématurément ravi à l'estime, à l'affection de tous, victime de son dévouement. M. le pasteur Babut, qui a prononcé la prière d'usage, a fait ressortir en termes émus l'admirable dévouement du défunt. Après lui, en l'absence du Président et du Vice-Président de l'Association fraternelle des anciens élèves du lycée de Nîmes, M. G. Maruéjols, maire de Nîmes, membre du Comité, a bien voulu se faire l'organe des regrets que laisse M. Jean Dussaud parmi ses camarades :

Messieurs,

Au nom de l'Association fraternelle des anciens élèves du lycée de Nîmes, je viens adresser un dernier adieu à notre jeune camarade, Jean Dussaud.

Il nous appartient à bien des titres. Non seulement il s'est assis sur les mêmes bancs que nous et a fait dans notre cher lycée les études les plus brillantes, mais encore il a obtenu en 1880 le prix d'honneur que notre Association décerne chaque année au meilleur élève de notre grand établissement d'instruction secondaire.

Il est allé ensuite à Paris pour faire ses études de médecine. Nommé interne provisoire le 1er janvier de cette année, il a été placé d'abord à l'hôpital Beaujon, puis à l'hôpital des Enfants-Malades. Ce fut pour lui une véritable joie d'être désigné pour ce poste de péril et d'honneur. Il s'est montré là tel qu'il était, actif, infatigable, dévoué à la science et à l'humanité souffrante. Pour soulager de pauvres petits êtres atteints de graves et terribles maladies, il s'est multiplié, il a suppléé ses collègues absents ou indisposés et en trois jours a fait trois fois la dangereuse opération de la trachéotomie.

Détail touchant dans cette dramatique et lamentable histoire : la petite fille qu'il a opérée en dernier lieu et qui lui a transmis les germes de la diphtérie est aujourd'hui complètement rétablie; il en est mort, mais il l'a sauvée.

Il en aurait sauvé bien d'autres s'il lui avait été donné de vivre plus longtemps. Car c'était une nature d'élite, et il était admirablement doué de toutes les qualités de cœur et d'esprit.

Ses amis nous diront tout ce qu'il y avait de douceur et d'affabilité exquise dans son caractère, et ses maîtres ont déjà proclamé sur son cercueil, à Paris, toutes les espérances qu'inspiraient, à juste titre, la profondeur de son intelligence, la rectitude de son jugement, l'étendue de son savoir. Un avenir magnifique s'ouvrait devant lui, et le jour sans doute n'était pas loin où nous aurions compté parmi nos camarades une illustration médicale de plus; — mais voilà qu'à l'âge de vingt-quatre ans, au seuil de sa carrière, au printemps de sa vie, il est brutalement fauché par la mort. Qui sait, messieurs, qui saura jamais tout ce qui descend dans la tombe avec cet enfant !

Mais ne nous laissons pas abattre par une telle catastrophe : elle a sa grandeur et sa beauté, et je ne connais rien de plus fortifiant pour l'âme humaine que le spectacle de ces dévouements dictés par de nobles préoccupations intellectuelles, de ces morts commandées par le devoir.

Jean Dussaud nous fournit la preuve que les qualités natives de notre race française sont toujours en pleine vigueur, que nos jeunes générations, dont on médit quelquefois, sont encore pleines d'une sève généreuse et restent fidèles à la vieille devise de nos aïeux : « Fais ce que dois, advienne que pourra. »

Jeunes gens qui m'écoutez et qui pleurez votre ami, laissez-vous dominer comme lui par l'amour de la recherche scientifique et par la passion du bien et du beau ; comme lui, soyez laborieux, intrépides devant le danger, car la vie n'est que méprisable, quand elle s'abrite derrière le bouclier de la paresse ou de la lâcheté. Je vous souhaite seulement une destinée plus longue.

Et maintenant que j'ai parlé comme délégué de l'Association fraternelle des anciens élèves du lycée, permettez-moi de me souvenir que je suis aussi maire de la ville de Nîmes. La cité tout entière s'associe au grand deuil qui nous rassemble dans ce champ de mort; car elle n'a pas oublié qu'il y a deux ans, lors de l'invasion du choléra, le jeune Dussaud, déjà dévoré de la soif de connaître, de surprendre les secrets de la nature, s'est fait un devoir d'accompagner son père, notre éminent médecin des épidémies, partout où le terrible fléau était signalé. Et comme il était fier, ce père, des brillants débuts de son fils! Et comme nous étions tous heureux à la pensée qu'il y aurait dans cette famille nîmoise transmission directe de science médicale et de dévouement à la chose publique! Aujourd'hui, hélas! tous ces beaux rêves sont dissipés : le père est abîmé dans la douleur, et nous n'osons pas essayer de le consoler.

Au nom de l'Association fraternelle des anciens élèves du lycée, mon cher camarade, au nom de la ville de Nîmes, mon cher concitoyen, je te salue pour la dernière fois. Quand on meurt comme toi, on ne meurt pas tout entier; ton souvenir restera éternellement gravé dans nos cœurs, et ta vie, si courte mais si bien remplie, n'aura pas été sans quelque utilité; car j'espère qu'aux heures de péril, s'il s'en présente, tous ceux qui t'ont connu s'inspireront du noble exemple que tu leur as donné. Adieu, cher ami, adieu !

La *Gazette hebdomadaire de médecine et de chirurgie* a inséré le sonnet suivant dans son numéro du 3 septembre :

A JEAN DUSSAUD

Interne provisoire des hôpitaux de Paris,
Mort le 20 juillet 1886, à l'âge de vingt-quatre ans.

L'enfant se meurt du croup. D'un sûr et prompt coup d'œil.
Tu mesures le mal et ta main ferme opère.
Le sang coule... Il respire, il guérit, il prospère,
De ses heureux parents, le bonheur et l'orgueil.

Mais l'ennemi cruel, chassé loin de leur seuil,
Mordit ton propre sein de sa dent de vipère...
Tu rendis l'espérance au cœur brisé d'un père :
Ton père, à toi, sanglote auprès de ton cercueil.

Ah ! s'immoler ainsi pour le salut des autres,
C'est le chemin royal du Maître et des apôtres.
C'est l'idéal suprême et la divine loi.

Devant cette splendeur, dans la nuit où nous sommes.
Un saint tressaillement saisit l'âme des hommes,
Et c'est vivre à jamais que mourir comme toi !

THÉODORE MONOD.

www.ingramcontent.com/pod-product-compliance
Ingram Content Group UK Ltd.
Pitfield, Milton Keynes, MK11 3LW, UK
UKHW020534180726
13839UKWH00006B/2506